高等职业技术院校汽车类专业

汽车自动变速器
习题册

中国劳动社会保障出版社

简　介

本习题册是高等职业技术院校汽车类专业教材《汽车自动变速器》的配套用书。习题册内容紧扣教材的教学要求，注重基础知识的巩固和基本能力的培养，知识点分布均衡，题型丰富，难易适当，有助于学生复习巩固所学知识。

本习题册由祁春强主编。

图书在版编目(CIP)数据

汽车自动变速器习题册/祁春强主编. -- 北京：中国劳动社会保障出版社，2019
ISBN 978-7-5167-4136-8

Ⅰ.①汽…　Ⅱ.①祁…　Ⅲ.①汽车-自动变速装置-高等职业教育-习题集
Ⅳ.①U463.212-44

中国版本图书馆 CIP 数据核字(2019)第 171043 号

中国劳动社会保障出版社出版发行
（北京市惠新东街 1 号　邮政编码：100029）

*

三河市潮河印业有限公司印刷装订　　新华书店经销

787 毫米×1092 毫米　16 开本　3.25 印张　77 千字
2019 年 8 月第 1 版　　2019 年 8 月第 1 次印刷

定价：7.00 元

读者服务部电话：(010) 64929211/84209101/64921644
营销中心电话：(010) 64962347
出版社网址：http://www.class.com.cn
http://zyjy.class.com.cn

目　录

模块一　汽车自动变速器概述 …………………………………………（1）

课题一　汽车自动变速器的发展历程与类型 ……………………（1）

课题二　汽车自动变速器的组成与使用 …………………………（3）

模块二　液力耦合器与液力变矩器 …………………………………（5）

课题一　液力耦合器 ……………………………………………（5）

课题二　液力变矩器 ……………………………………………（7）

模块三　行星齿轮变速机构 …………………………………………（9）

课题一　换挡执行机构及行星齿轮组 ……………………………（9）

课题二　辛普森式行星齿轮机构 …………………………………（11）

课题三　拉维娜式行星齿轮机构 …………………………………（13）

课题四　平行轴式齿轮机构 ………………………………………（15）

模块四　液压控制换挡系统 …………………………………………（18）

课题一　自动变速器油 ……………………………………………（18）

课题二　油泵 ………………………………………………………（19）

课题三　液压控制阀体 ……………………………………………（21）

模块五　电子控制系统 ………………………………………………（23）

课题一　电子控制系统的组成及工作原理 ………………………（23）

课题二　传感器 ……………………………………………………（24）

课题三　执行器 ……………………………………………………（26）

课题四　电控单元与控制电路 ……………………………………（27）

模块六　无级变速器与双离合自动变速器 …………………………（30）

课题一　无级变速器 ………………………………………………（30）

课题二　DSG 双离合自动变速器 …………………………………（31）

模块七　自动变速器故障诊断与排除 ………………………………（33）

课题一　自动变速器的试验 ………………………………………（33）

课题二　自动变速器故障码诊断 ……………………………………………………………（34）
课题三　自动变速器常见故障诊断 …………………………………………………………（36）
综合试卷（一） ……………………………………………………………………………（37）
综合试卷（二） ……………………………………………………………………………（43）

模块一　汽车自动变速器概述

课题一　汽车自动变速器的发展历程与类型

一、填空题

1. ＿＿＿＿＿年，丰田公司生产出第一台由微机控制的电控自动变速器，就是装配在四缸佳美发动机上的＿＿＿＿＿自动变速器。

2. ＿＿＿＿＿年以后，某些变速器的换挡电磁阀对 D 位各挡、手动挡、倒车挡全都负责，所以被称为＿＿＿＿＿自动变速器（电控液动）。

3. 汽车自动变速器按传动比变化形式不同，可分为＿＿＿＿＿＿、＿＿＿＿＿＿和＿＿＿＿＿＿三种。

4. 自动变速器按齿轮变速器的类型不同，可分为＿＿＿＿＿＿＿＿＿＿＿＿和＿＿＿＿＿＿＿＿两种。

5. 自动变速器按车辆驱动方式不同，可分为＿＿＿＿＿＿＿＿＿＿＿＿＿＿和＿＿＿＿＿＿＿＿＿＿＿两种。

二、选择题

1. （　　）年，在别克轿车上第一次将液力耦合器和手动变速器装在一起。

A. 1908　　B. 1926

C. 1940　　D. 1968

2. （　　）年，美国奥兹莫比尔汽车上安装了第一台电子控制的自动变速器。

A. 1908　　B. 1926

C. 1984　　D. 1968

3. 后驱式自动变速器用于发动机前置而呈（　　）形式，属于后轮驱动的布置形式，变速器与主减速器、差速器分开。

A. 纵向布置　　B. 横向布置

C. A 和 B 均可　　D. A 和 B 均不可

4. 新型轿车装用的自动变速器基本上都是 4 个前进挡，即设有（　　）行星排，现在有的车型还有 6 个、7 个或 8 个前进挡。

A. 直接挡　　B. 低挡

C. 超速挡　　D. 以上均不是

三、判断题

1. 采用液力自动变速器的汽车与采用传统机械变速器的汽车对比试验表明：前者发动

机的使用寿命可提高 85%，变速器的使用寿命提高了 12 倍，传动轴和驱动半轴的使用寿命可提高 75% ~100%。 ( )

2. 前驱式自动变速器用于发动机前置而呈纵向布置的形式，属于前轮驱动布置形式，变速器与主减速器、差速器常制成一个总成。 ( )

3. 对液力变矩器而言，最高效率可达 95% ~97%，而机械传动的效率一般只有 82% ~86%。 ( )

四、简答题

1. 简述汽车自动变速器的优点。

2. 简述汽车自动变速器的缺点。

课题二　汽车自动变速器的组成与使用

一、填空题

1. 一般来说，汽车自动变速器由____________、____________、____________、____________和____________五部分组成。

2. 早期装有自动变速器的汽车通常提供许多控制开关，用于控制汽车的行驶状态，常见的功能开关有____________、____________、____________和____________。

3. 一般来说，自动变速器的挡位可分为________、________、________、________或________、________或________、________等。

二、选择题

1. 在（　　）模式下，发动机常在大功率范围内运转，使汽车具有较高的动力性能和爬坡能力。

A. 经济　　B. 动力
C. 标准　　D. D挡

2. 在（　　）模式下，自动变速器具有较高的燃油经济性，节油性能佳。

A. 经济　　B. 动力
C. 标准　　D. D挡

3. 当手柄在（　　）挡位时，变速器可从1挡到最高挡自动变换。

A. 1　　B. 2
C. D　　D. P

4. 当汽车需要在一固定位置上停留一段较长的时间，或在停靠之后离开车辆前，应该拉好驻车制动器并将手柄推进“（　　）”位置上。

A. 1　　B. 2
C. D　　D. P

5. 丰田公司变速器型号A—140E的第（　　）位阿拉伯数字表示变速器前驱或后驱。

A. 1　　B. 2
C. 3　　D. 4

三、判断题

1. 自动变速器的轿车只能在“P”或“N”挡才能启动发动机，以避免在其他挡位上误启动时使汽车突然向前窜动。（　　）

2. 当手柄在L位时，自动变速器将限制前进挡范围，只能在1←→2挡变换或只能用1挡（被称为强制1挡），具有发动机制动功能，此挡适用于在陡坡或差路面状况下行驶。（　　）

3. 当自动变速器操作手柄处于空挡但输出轴不锁止时，汽车不可移动，此挡位可启动

发动机。 （ ）

4. 三菱公司变速器型号 F4A33 的第 4 位字符表示变速器前进挡位。 （ ）

5. 一般自动变速器行星齿轮变速系统包括行星齿轮变速机构、换挡执行机构和阀体。

（ ）

四、简答题

1. 简述丰田公司自动变速器型号 A—140E 的含义。

2. 简述通用公司自动变速器型号 4T60E 的含义。

模块二　液力耦合器与液力变矩器

课题一　液力耦合器

一、填空题

1. 液力耦合器一般由__________和__________组成。

2. 液力耦合器的__________与发动机的飞轮相连接，动力由发动机曲轴传入。液力耦合器的__________与变速器的输入轴相连接。

二、选择题

1. (　　) 与液力耦合器壳体连成一体，变矩器壳体用螺栓固定在飞轮上，因为泵轮与曲轴相连，它总是和曲轴一起转动。

A. 泵轮　　B. 涡轮

C. A 和 B　　D. 既不是 A 也不是 B

2. 当车辆行驶时，(　　) 转轮与变速器的输入轴一起转动；当车辆停驶时，其不能转动。

A. 泵轮　　B. 涡轮

C. A 和 B　　D. 既不是 A 也不是 B

3. 当泵轮被发动机曲轴驱动时，泵轮中的变速器油液就会随同泵轮以相同的方向转动。当泵轮转速进一步提高时，液体就被甩出泵轮，冲击（　　）叶片，使其开始按泵轮转动的方向转动。

A. 泵轮　　B. 涡轮

C. A 和 B　　D. 既不是 A 也不是 B

4. 油液以顺时针方向从泵轮流到涡轮，流过涡轮时为（　　）方向。

A. 逆时针　　B. 顺时针

C. A 和 B 均错

三、判断题

1. 同泵轮一样，涡轮也装有许多叶片，但涡轮叶片的弯曲方向与泵轮叶片的弯曲方向相反。（　　）

2. 对于液力耦合器而言，当涡轮转速升高到一定速度时，泵轮的效率将始终保持不变。（　　）

四、简答题

1．图 2—1 所示为空气传输动力示例图，根据该图简述动力传输原理。

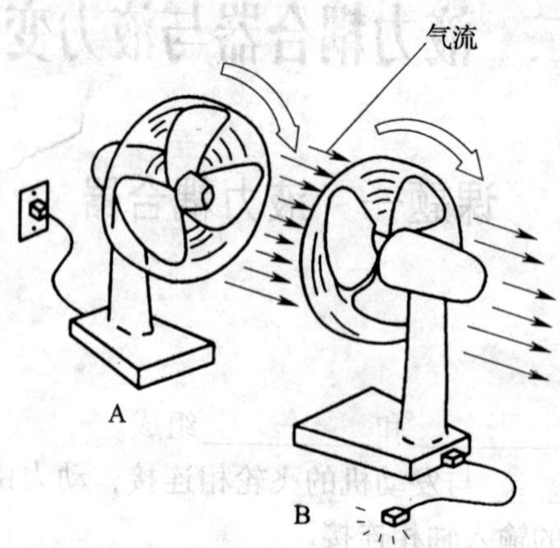

图 2—1　空气传输动力示例图

2．简述液力耦合器的结构及工作原理。

课题二　液力变矩器

一、填空题

1. 液力变矩器是在液力耦合器的基础上开发出来的，现代生产的车用液力变矩器一般都有锁止离合器。液力变矩器由__________、__________、__________、__________、__________等部件组成。

2. 液力变矩器的导轮位于__________与__________转轮之间，安装在导轮轴上，而导轮轴则经________________固定在变速器壳体上。

3. 锁止式液力变矩器的锁止离合器装在________________上，位于涡轮转轮前端。

4. 滚柱式单向离合器一般由______________、______________、______________和______________组成。

二、选择题

1. 车辆处丁（　　）时，液力变矩器起到扭矩倍增作用。

A. 发动机运转　　B. 刚开始起步或者加速

C. 中速　　D. 高速

2. 锁止离合器的作用是（　　）。

A. 降速增扭　　B. 扭矩倍增

C. 机械传动　　D. 双向作用

3. 当泵轮与涡轮之间形成较大的（　　）时，就会发生增矩（与旋流），直到涡轮转速赶上泵轮转速为止。

A. 转速　　B. 变化

C. 接触面积　　D. 转速差

三、判断题

1. 变矩器扭矩的成倍放大与涡流成比例增大，即在涡轮转轮停转时，扭矩达到最大。（　　）

2. 单向离合器使导轮以与发动机曲轴运转相同的方向转动。如果导轮要以与发动机曲轴运转相反的方向转动，则单向离合器就将导轮锁止住，使其无法朝相反的方向转动。（　　）

3. 导轮的增矩作用只在泵轮与涡轮有较大的转速差时才有，两者的转速差越大，增扭效果越好。（　　）

4. 液力变矩器的耦合不一定发生在某特定行驶车速下。（　　）

5. 当车速大于 60 km/h 时，锁止离合器会通过机械机构将泵轮与涡轮相连接，使发动机产生的动力几乎 100% 地传递至自动变速器。（　　）

四、简答题

1．简述锲块式单向离合器和滚柱式单向离合器的结构及工作原理。

2．简述液力变矩器的结构。

3．简述液力变矩器的工作原理。

模块三　行星齿轮变速机构

课题一　换挡执行机构及行星齿轮组

一、填空题

1. 最简单的行星齿轮组为一个单排行星齿轮机构，一般由一个＿＿＿＿＿、一个＿＿＿＿＿和一个＿＿＿＿＿＿＿＿＿＿＿＿组成。

2. 行星齿轮机构工作时，行星轮除了绕自身轴线的自转外，同时还绕着＿＿＿＿＿公转，而行星轮绕＿＿＿＿＿公转时，行星架也绕＿＿＿＿＿旋转。由于太阳轮与行星轮是＿＿＿＿＿，所以两者的旋转方向是＿＿＿＿＿的；而行星轮与齿圈是＿＿＿＿＿，所以这两者的旋转方向是＿＿＿＿＿的。

3. 单排行星齿轮机构运动规律的特性方程式为＿＿＿＿＿＿＿＿＿＿＿＿。

4. 自动变速器离合器均为＿＿＿＿＿＿多片离合器，它的功用是＿＿＿＿＿＿＿＿＿＿＿＿＿＿＿＿或是＿＿＿＿＿＿＿＿＿＿＿＿＿＿＿。

5. 离合器主要由＿＿＿＿＿、＿＿＿＿＿、＿＿＿＿＿、＿＿＿＿＿、＿＿＿＿＿和＿＿＿＿＿等组成。

6. 制动器的功用是＿＿＿＿＿＿＿＿＿＿＿＿＿＿＿＿＿＿＿＿。制动器有＿＿＿＿＿和＿＿＿＿＿两种形式。

二、选择题

1. 在单排行星齿轮机构中，齿圈为主动件（输入），行星架为从动件（输出），太阳轮固定，此时（　　）。

   A. 传动比大于1，说明为减速传动，可以作为降速挡中的高挡
   B. 传动比大于1，说明为减速传动，可以作为降速挡中的低挡
   C. 传动比小于1，说明为增速传动，可以作为超速挡中的高挡
   D. 传动比小于1，说明为增速传动，可以作为超速挡中的低挡

2. 在单排行星齿轮机构中，太阳轮为主动件（输入），行星架为从动件（输出），齿圈固定，此时（　　）。

   A. 传动比大于1，说明为减速传动，可以作为降速挡中的高挡
   B. 传动比大于1，说明为减速传动，可以作为降速挡中的低挡
   C. 传动比小于1，说明为增速传动，可以作为超速挡中的高挡
   D. 传动比小于1，说明为增速传动，可以作为超速挡中的低挡

3. 在单排行星齿轮机构中，行星架为主动件（输入），齿圈为从动件（输出），太阳轮

固定，此时（　　）。

A. 传动比大于1，说明为减速传动，可以作为降速挡中的高挡

B. 传动比大于1，说明为减速传动，可以作为降速挡中的低挡

C. 传动比小于1，说明为增速传动，可以作为超速挡中的高挡

D. 传动比小于1，说明为增速传动，可以作为超速挡中的低挡

4. 在单排行星齿轮机构中，行星架为主动件（输入），太阳轮为从动件（输出），齿圈固定，此时（　　）。

A. 传动比大于1，说明为减速传动，可以作为降速挡中的高挡

B. 传动比大于1，说明为减速传动，可以作为降速挡中的低挡

C. 传动比小于1，说明为增速传动，可以作为超速挡中的高挡

D. 传动比小于1，说明为增速传动，可以作为超速挡中的低挡

5. 在单排行星齿轮机构中，太阳轮为主动件（输入），齿圈为从动件（输出），行星架固定，此时（　　）。

A. 传动比大于1，说明为减速传动，可以作为降速挡中的高挡

B. 传动比大于1，说明为减速传动，可以作为降速挡中的低挡

C. 传动比小于1，说明为增速传动，可以作为超速挡中的高挡

D. 传动比为负值，说明为增速传动，可以作为倒挡

三、判断题

1. 在单排行星齿轮机构中，太阳轮、齿圈和行星架三个元件中的任何两个元件连为一体转动，则另一个元件的转速必然与前两者等速同向转动。（　　）

2. 在单排行星齿轮机构中，太阳轮、齿圈和行星架三个元件没有任何约束，则各元件的运动是不确定的，此时为空挡。（　　）

3. 自动变速器离合器均为湿式多片离合器，它的功用是连接轴或行星齿轮机构中的元件或是连接行星齿轮机构中的不同元件。（　　）

四、简答题

1. 简述丰田常用离合器的结构及工作原理。

2. 简述丰田双活塞式制动器的结构及工作原理。

课题二　辛普森式行星齿轮机构

一、填空题

1. 辛普森式行星齿轮变速器是在自动变速器中应用最广泛的一种，它是由__________公司的工程师 H. W. 辛普森发明的。

2. 目前多采用的是四挡辛普森式行星齿轮变速器，其多采用行星双排，特点为：____。

3. 四挡辛普森式行星齿轮变速器具有四个独立元件，分别为__________________、__________________、__________________、__________________。

4. 丰田 A650E 自动变速器是丰田公司 1997 年 10 月推出的产品，在四速变速器的后端增加了一组__________，增加了一个__________，即由 4 挡变速器变成 5 挡变速器，进一步改善了车辆的动力性和经济性。

二、选择题

1. 辛普森式行星齿轮变速器从 20 世纪（　　）年代开始，被通用、福特、丰田、日产等多家公司用于汽车变速器上。

A. 60　　B. 70

C. 80　　D. 90

2. 丰田 A650E 自动变速器的行星齿轮机构由（　　）个行星排组成。

A. 2　　B. 3

C. 4　　D. 5

3. 丰田 A650E 自动变速器属于（　　）挡自动变速器。

A. 4　　B. 5

C. 6　　D. 7

4. 丰田 A650E 自动变速器装备的换挡操纵杆有（　　）个挡位。

A. 5　　　　　　　　　　　　　　　　B. 6

C. 7　　　　　　　　　　　　　　　　D. 8

三、判断题

1. 丰田 A650E 自动变速器装备在凌志 LS400、SC400 和 GS300/400 轿车上，在四速变速器的后端增加了一组行星齿轮组，进一步改善了车辆的动力性和经济性。（　　）

2. 丰田 A650E 自动变速器的输出轴与后排行星齿轮的行星架相连。（　　）

3. 丰田 A650E 自动变速器的前排行星齿轮与中间行星齿轮共用一个太阳轮。（　　）

4. 丰田 A650E 自动变速器的前排行星齿轮与中间行星齿轮及后排行星齿轮的各行星架联动。（　　）

四、简答题

1. 结合图 3—1 所示的四挡辛普森式行星齿轮变速器的结构简图及执行元件动作情况，分析 D_3 挡位的动力传动路线。

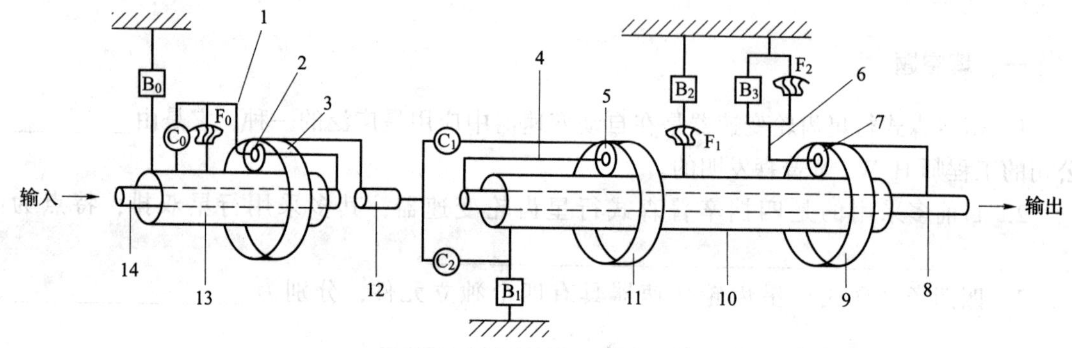

图 3—1　四挡辛普森式行星齿轮变速器的结构简图

1—超速（OD）行星排行星架　2—超速（OD）行星排行星轮　3—超速（OD）行星排齿圈　4—前行星排行星架　5—前行星排行星轮　6—后行星排行星架　7—后行星排行星轮　8—输出轴　9—后行星排齿圈　10—前后行星排太阳轮组件　11—前行星排齿圈　12—中间轴　13—超速（OD）行星排太阳轮　14—输入轴　C_0—超速挡（OD）离合器　C_1—前进挡离合器　C_2—直接挡、倒挡离合器　B_0—超速挡（OD）制动器　B_1—2 挡滑行制动器　B_2—2 挡制动器　B_3—低挡、倒挡离合器　F_0—超速挡（OD）单向离合器　F_1—2 挡（一号）单向离合器　F_2—低挡（二号）单向离合器

2. 结合图 3—1 所示的四挡辛普森式行星齿轮变速器的结构简图及执行元件动作情况，分析 D_4 挡位的动力传动路线。

3. 简述自动变速器的检修注意事项。

课题三　拉维娜式行星齿轮机构

一、填空题

1. 拉维娜式行星齿轮机构具有__________、__________、____________________、__________等特点，可以组成有 3 个前进挡或 4 个前进挡的行星齿轮变速器。

2. 拉维娜式行星齿轮机构由双行星排组成，包括__________、__________、__________、__________、__________和__________。

3. 拉维娜式行星齿轮机构大、小太阳轮采用__________结构，使 3 挡到 4 挡的转换更加平顺。短行星轮与长行星轮及小太阳轮啮合，长行星轮同时与__________、__________及__________啮合，动力通过__________输出。两个行星轮共用一个行星架。

二、选择题

图 3—2 所示为拉维娜式行星齿轮变速器的结构简图，根据该图回答下列问题。

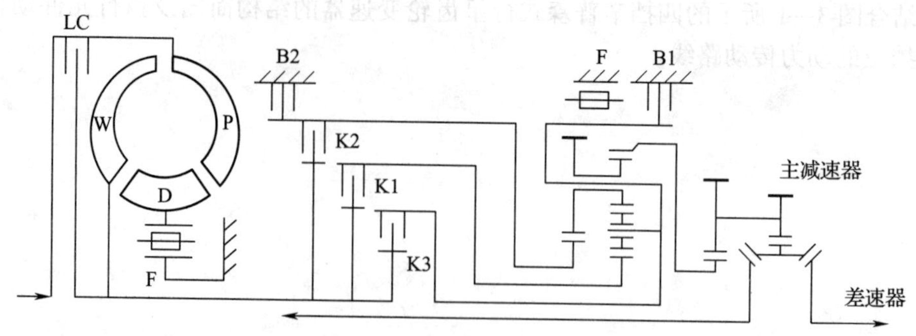

图 3—2　拉维娜式行星齿轮变速器的结构简图

1. 拉维娜式单排行星齿轮机构与辛普森式单排行星齿轮机构的主要区别是增加了一组（　　）。

A. 太阳轮　　B. 行星齿轮
C. 行星齿轮架　　D. 齿圈

2. 在 01N 型四挡拉维娜式行星齿轮机构中，（　　）与其他大太阳轮、短行星齿轮和齿圈三件套均啮合。

A. 长行星齿轮　　B. 短行星齿轮
C. 小太阳轮　　D. 齿圈

3. 在 01N 型四挡拉维娜式行星齿轮机构中，离合器（　　）用于驱动大太阳轮，离合器（　　）用于驱动行星齿轮架。

A. K1、K2　　B. K1、K3
C. K2、K3　　D. K2、K1

4. 在 01N 型四挡拉维娜式行星齿轮机构中，制动器（　　）用于制动行星齿轮架，制动器（　　）用于制动大太阳轮。

A. B1、B2　　B. B2、1
C. B2、F　　D. F、B1

三、判断题

图 3—2 所示为拉维娜式行星齿轮变速器的结构简图，根据该图回答下列问题。

1. 在 01N 型四挡拉维娜式行星齿轮机构中，当处于 1 挡时离合器 K1 和单向离合器 F 工作。（　　）

2. 在 01N 型四挡拉维娜式行星齿轮机构中，当处于 2 挡时离合器 K1 和制动器 B2 工作。（　　）

3. 在 01N 型四挡拉维娜式行星齿轮机构中，当处于 3 挡时离合器 K1 和 K3 工作。（　　）

4. 在 01N 型四挡拉维娜式行星齿轮机构中，当处于 4 挡时离合器 K3 和制动器 B2 工作。（　　）

5. 在 01N 型四挡拉维娜式行星齿轮机构中，当处于 R 挡时离合器 K2 和制动器 B2 工作。（　　）

四、简答题

1. 以01N自动变速器为例，说明拉维娜式行星齿轮机构的结构及特点。

2. 以01N自动变速器为例，说明拉维娜式行星齿轮机构3挡的动力传动路线。

3. 以01N自动变速器为例，说明拉维娜式行星齿轮机构4挡的动力传动路线。

课题四 平行轴式齿轮机构

一、填空题

1. 平行轴式齿轮机构采用__________齿轮变速传动机构，它是在传统手动变速器基础上发展起来的自动变速器齿轮机构，被广泛应用于本田轿车上。

2. 平行轴式齿轮机构一般采用__________驱动，自动变速器与驱动桥合为一体，其特点是________________________________。

二、简答题

图 3—3 所示为本田轿车 MAXA 自动变速器平行轴式齿轮机构，根据该图回答下列问题。

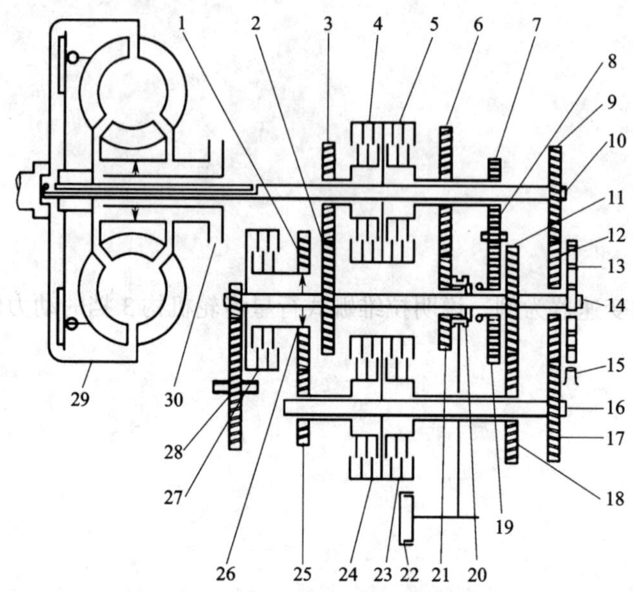

图 3—3 MAXA 自动变速器平行轴式齿轮机构

1—副轴 1 挡齿轮 2—副轴 3 挡齿轮 3—主轴 3 挡齿轮 4—3 挡离合器 5—4 挡离合器 6—主轴 4 挡齿轮 7—主轴倒挡齿轮 8—倒挡惰轮 9—主轴惰轮 10—主轴 11—副轴 2 挡齿轮 12—副轴惰轮 13—驻车挡齿轮 14—副轴齿轮 15—驻车锁销 16—辅助轴 17—辅助轴惰轮 18—副轴 2 挡齿轮 19—副轴倒挡齿轮 20—倒挡滑套 21—副轴 4 挡齿轮 22—伺服阀 23—2 挡离合器 24—1 挡离合器 25—辅助轴 1 挡齿轮 26—单向离合器 27—1 挡固定离合器 28—最终主动齿轮 29—液力变矩器 30—油泵

1. 说明本田轿车 MAXA 自动变速器中齿轮的 3 挡传递路线。

2. 说明本田轿车 MAXA 自动变速器中齿轮的 4 挡传递路线。

模块四　液压控制换挡系统

课题一　自动变速器油

一、填空题

1. 自动变速器液压控制系统将发动机__________和__________转化为不同的油压，由此确定换挡正时并实现换挡。它一般由__________、__________、__________和__________等组成。

2. 目前汽车上常见的自动变速器都是基于__________原理的，它们的正常工作都依赖于自动变速器油，自动变速器油简称为__________。

3. ATF 在自动变速器中有多重任务，它不仅是__________，起到传递动力的作用，还是__________，起到润滑运动部件的作用；还要带走变速箱中产生的热量，起到冷却的作用。

4. ATF 在自动变速器中工作时，必须满足的性能指标一般包括__________、__________、__________等。

二、选择题

1. 各汽车厂都有专用的规范与自动变速器油规格，不相同规格的自动变速器油（　　）混合使用。

A. 可以　　B. 不可以

C. 不受限制

2. 为适应自动变速器使用条件比较复杂的特点，自动变速器油（ATF）的温度范围一般为（　　）℃。

A. 0 ~ 150　　B. −20 ~ 120

C. −40 ~ 120　　D. −40 ~ 170

三、判断题

1. 自动变速器油的摩擦特性包括动摩擦和静摩擦，其性能对离合器摩擦有很大影响。（　　）

2. 当使用 ATF 的黏度偏大时，不仅影响变矩器的效率，而且可能造成低温启动困难。（　　）

3. ATF 的正常颜色为鲜亮、透明的红色，如果发黑则说明其已经变质或有杂质，如果为粉红色或白色则说明自动变速器油冷却器进水。（　　）

四、简答题

1. ATF在自动变速器中工作时，必须要满足的性能指标有哪些？请详细说明。

2. 简述不同规格的自动变速器油不能混合使用的具体原因。

课题二　油　　泵

一、填空题

1. 油泵的作用是为__________和__________提供一定__________和__________的液压油，并保证____________________等各摩擦副的润滑需要。

2. 油泵安装在__________的后方，由________________________驱动，在自动变速器的供油系统中，常用的油泵有________________、_______________和________________。

3. 内啮合齿轮泵应用最为广泛，它具有结构紧凑、自吸能力强、流量波动小、噪声低等特点。其主要由__________、__________、__________、__________等组成。

4. 摆线转子泵由__________、__________及一对______________组成，内转子为__________，其齿廓曲线是外摆线，外转子为__________，其齿廓曲线是圆弧曲线。

5. 叶片泵具有________________、________________、________________、________________等优点；但它结构复杂，对液压油的污染比较敏感。

6. 叶片泵由__________、__________、__________及__________组成。

二、选择题

1. 内啮合齿轮泵的泵体的齿轮槽内有一个（ ），把主、从动齿轮不啮合部分隔开，形成两个工作腔，即高压和低压油腔，以保证油泵的正常工作。

A. 凸键　　B. 月牙形隔板

C. 空腔　　D. A和C

2. 摆线转子泵的内外转子采取（ ）设置形式，从而保证内外转子之间形成一定的空腔。

A. 离心　　B. 中心

C. 偏心　　D. 同轴

3. 定量泵的泵油量随发动机转速的增大而（ ），从而增加了发动机的负荷和油耗，造成了一定的动力损失。

A. 增加　　B. 保持不变

C. 减少　　D. 变化

4. 变量式油泵的泵油量随发动机转速的增大而（ ）。

A. 增加　　B. 先增加后保持不变

C. 减少　　D. 变化

三、简答题

1. 简述内啮合式齿轮泵的结构及工作原理。

2. 简述变量式油泵的结构及工作原理。

课题三　液压控制阀体

一、填空题

1. 液力自动变速器的液压控制阀一般分为__________、__________和__________三种。

2. 主油路调压阀的作用是将__________输出压力调节到所需的油压后再输入__________，多余的油返回__________，使__________稳定在一定范围内。

3. 液力自动变速器控制换挡的主要信号是__________和__________，分别为__________和__________。

4. 换挡控制阀组的作用是根据____________________，控制自动变速器中____________________，由此决定所处的不同挡位。换挡阀组主要由__________、__________和__________等组成。

5. 自动变速器中也常用蓄压减振器来缓冲__________。蓄压减振器也称减振器，一般由__________和__________组成。

6. 手动阀是安装在控制系统阀板总成中的多路换向阀，由驾驶室内的自动变速器__________控制。

7. 在一些自动变速器中装有倒挡离合器顺序阀，它用于在自动变速器换倒挡时减小__________。

二、选择题

1. 节气门开度小时，自动变速器所传转矩较小，离合器、制动器不易打滑，主油路压力可以（　　）一些。

　A. 降低　　B. 升高
　C. 保持不变　　D. 变化

2. 真空节气门阀所产生的控制信号油压随节气门开度的增大而（　　）。

　A. 减小　　B. 增大
　C. 保持不变　　D. 变化

3. 自动变速器中为了缓冲换挡冲击往往在各个挡位加装（　　）。

　A. 主油路调节阀　　B. 换挡阀
　C. 蓄压减振器　　D. 节气门阀

4. 复合双级速控阀的输出轴转速越高，速控阀输出油压就越高，从而使速控输出油压能随着输出轴转速的增大而（　　）。

　A. 减小　　B. 增大
　C. 保持不变　　D. 变化

三、判断题

1. 自动变速器处于低挡行驶时，所需转矩较大，主油压要高，而在高挡行驶时，自动

变速器所传转矩小，可降低主油压。 ( )

2. 倒挡使用时间较少，为减小自动变速器尺寸，倒挡执行机构做得较小；为避免打滑，应提高主油压。 ( )

3. 正确的速控油压对于自动变速器的正常工作非常重要，如果速控油压过高，会导致换挡的车速提前；而速控油压过低，会导致换挡的车速滞后。 ( )

4. 蓄压减振器延长了换挡执行元件液压缸的充油时间，使油压的增长速度减缓，摩擦片逐渐结合，因而减小了换挡冲击。 ( )

四、简答题

1. 简述换挡阀的作用、结构及工作原理。

2. 简述蓄压减振器的作用、结构及工作原理。

模块五 电子控制系统

课题一 电子控制系统的组成及工作原理

一、填空题

1. ECT 电子控制系统的优点有____________________、____________________、____________________、____________________、____________________。

2. 自动变速器的电子控制系统一般包括__________、____________________和__________三部分。

二、选择题

1. 在 ECT 中，ECU 存储有两种甚至多种行驶模式，一般称为（　　）。

A. 常规模式、动力模式以及经济模式

B. 常规模式、自诊断模式以及经济模式

C. 常规模式、失效保护模式以及经济模式

D. 常规模式、动力模式以及自诊断模式

2. 自动变速器的换挡控制主要取决于（　　）信号。

A. 节气门位置传感器

B. 节气门位置传感器和车速传感器

C. 输入轴传感器

D. 冷却液温度传感器

3. 自动变速器的换挡控制还取决于（　　）等信号。

A. 节气门位置传感器　　B. 车速传感器

C. 冷却液温度和 ATF 温度　　D. 以上都不是

三、判断题

1. 在某些车型中，ECU 在换挡时发出指令，推迟发动机点火提前角，降低发动机的扭矩输出，从而使换挡时车辆的行驶更平稳。（　　）

2. ECU 有一个备用失效保护系统，以保证即使电子控制系统发生故障时汽车也能行驶。（　　）

3. 电控自动变速器采用节气门位置传感器和车速传感器来感知发动机负荷和车速情况，并将这两个信号发送给自动变速器 ECU，ECU 根据存储器中的换挡程序决定升挡或降挡。（　　）

二、简答题

1. 画出自动变速器电子控制系统的组成框图。

2. 简述自动变速器电子控制系统各组成部分的作用。

课题二　传　感　器

一、填空题

1. 节气门位置传感器安装在节气门体上，用于检测节气门开度的大小，并将数据传送给汽车电脑，汽车电脑根据此信号判断发动机负荷，从而控制自动变速器的________________、______________________和对___________进行控制。

2. 自动变速器 ECU 通过制动灯开关检测是否踩下制动踏板，如果踩下制动踏板，ECU 会取消______________________的工作。

二、选择题

1. 自动变速器 ECU 根据（　　）信号判断发动机负荷，从而控制自动变速器的换挡、调节主油压和对锁止离合器进行控制。

A. 节气门位置传感器　　B. 车速传感器

C. 输入轴传感器　　D. 冷却液温度传感器

2. 自动变速器 ECU 以（　　）信号为依据，并用该信号控制自动变速器的换挡和锁止离合器的锁止。

A. 节气门位置传感器　　B. 车速传感器

C. 输入轴传感器　　D. 冷却液温度传感器

3. 自动变速器 ECU 根据（　　）信号可以更精确地控制换挡。计算出变矩器的转速比，使主油压和锁止离合器的控制得到优化，以改善换挡操作过程，提高行驶性能。

A. 节气门位置传感器　　B. 车速传感器

C. 输入轴传感器　　D. 冷却液温度传感器

4. 动力模式以获得更大（　　）性为目标设计换挡规律，升挡较（　　）；经济模式以获得最佳燃油（　　）性为目标设计换挡规律，升挡较（　　）。

A. 动力、迟、经济、早　　B. 动力、早、经济、迟

C. 经济、迟、动力、早　　D. 经济、早、动力、迟

三、判断题

1. 当发动机冷却液温度低于设定温度（如 60℃）时，发动机 ECU 会发送一个信号给自动变速器 ECU，以防止自动变速器换入超速挡，同时锁止离合器也不能工作。（　　）

2. 当发动机冷却液温度过高时，自动变速器 ECU 会让锁止离合器工作，以帮助发动机降低冷却液温度，防止自动变速器过热。（　　）

3. 如果冷却液温度传感器发生故障，发动机 ECU 会自动将冷却液温度设定为 80℃，以便发动机和自动变速器可以工作。（　　）

四、简答题

1. 简述电磁式车速传感器的结构与工作原理。

2. 简述冷却液温度传感器的功用。

课题三　执　行　器

一、填空题

1. 电子控制系统的执行器主要指__________和__________。

2. 电磁阀根据功能不同可分为__________、__________和__________三种，根据工作原理不同可分为__________和__________电磁阀两种。

3. 开关式电磁阀的功用是开启或关闭液压油路，通常用于__________和部分车型__________________的工作。

4. 占空比式电磁阀与开关式电磁阀类似，也是由__________、__________、__________等组成。它通常用于控制__________，有的车型的__________也采用此种电磁阀控制。

5. 占空比式电磁阀有两种工作方式，一种是占空比越大，经电磁阀泄油越多，油压就越__________；另一种则是占空比越大，油压越__________。

二、判断题

1. 绝大多数换挡电磁阀采用开关式电磁阀，油压电磁阀采用占空比式电磁阀，而锁止离合器电磁阀采用开关式的和占空比式的都有。（　）

2. 占空比是指一个脉冲周期内通电时间所占的比例（百分数）。（　）

3. 上海通用的4T65—E自动变速器电控系统有4个电磁阀，其中2个是换挡电磁阀、1个是油压电磁阀、1个是锁止离合器电磁阀。（　）

4. 不同的自动变速器使用的电磁阀数量不同，一般为3~8个不等。一汽大众01M自动变速器电控系统采用7个电磁阀。（　）

三、简答题

1. 以换挡电磁阀为例说明开关式电磁阀的结构及工作原理。

2. 简述占空比式电磁阀的结构及工作原理。

课题四　电控单元与控制电路

一、填空题

1. 自动变速器电子控制单元（ECU）是电子控制系统的控制核心，它的控制内容主要包括____________、____________、____________、____________、____________、____________、____________、____________和____________。

2. 电子控制单元（ECU）根据各个传感器的信号测得汽车的行驶状况，并根据操纵手柄的位置和加速踏板踩下程度来判断驾驶员的操作方式，经运算分析，自动选择采用________、________、________来进行换挡控制，以满足不同的操作要求。

二、选择题

1. 节气门开度越（　　），升挡和降挡车速越（　　）；节气门开度越（　　），升挡和降挡车速越（　　），这种规律十分符合汽车的实际使用要求。

A. 大、高、小、低　　B. 大、低、小、高
C. 小、高、大、低　　D. 小、低、大、高

2. 节气门开度越（　　），主油路油压越（　　）；节气门开度越（　　），主油路油压越（　　）；倒挡时主油路油压较前进挡（　　）。

A. 大、高、小、低、高　　B. 大、低、小、高、高
C. 小、高、大、低、低　　D. 小、低、大、高、低

3. 自动变速器电子控制单元（ECU）在换挡瞬间，向发动机电子控制单元（ECU）发出（　　）扭矩控制信号，发动机电子控制单元（ECU）接收到这一信号后，立即（　　）发动机的点火时刻或（　　）喷油量，执行减扭控制。

A. 增、提前、增大　　B. 增、提前、减小
C. 减、提前、减小　　D. 减、延迟、减小

4．在挡位更换的瞬间，电子控制单元（ECU）通过油压电磁阀适当降低主油路油压，以（　　）换挡冲击，改善换挡质量。也有的是在换挡时通过电磁阀（　　）蓄压减振器活塞的背压，以减缓离合器或制动器液压缸内油压的增长速度，达到减小换挡冲击的目的。

A．增加、增加　　B．增加、减小

C．减小、增加　　D．减小、减小

三、判断题

1．自动换挡控制就是在汽车的行驶过程中，选择最佳时刻换挡，即选择最佳的换挡车速，以使汽车的动力性和经济性最佳。（　　）

2．新型电子控制自动变速器由电子控制单元（ECU）根据节气门的开度、挡位、油温及换挡等信号，计算得到相应的主油路压力值，并通过输出相应的占空比脉冲信号来控制油压电磁阀的开、关比率，实现对主油路的控制。（　　）

3．在液力传动油温度低于正常工作温度时（60℃）时，因其黏度较大而产生换挡冲击，应适当降低主油路油压。（　　）

4．液力传动油温度过低（低于 -30℃）时，其黏度过大，流动性差，容易造成液压换挡执行元件动作迟缓，影响换挡质量，电子控制单元（ECU）会使主油路油压升到最大值。（　　）

5．在海拔较高时，空气密度减小，发动机充气效率下降而使输出功率增大，电子控制单元（ECU）将主油路油压控制为低于正常值，以防止换挡时产生冲击。（　　）

6．为了保证汽车的行驶性能，在液压油温度低于60℃、车速低于60 km/h、怠速开关接通、制动灯亮时，电子控制单元（ECU）将禁止锁止离合器接合。（　　）

四、简答题

1．改善换挡质量的特殊控制功能有哪几种？分别是什么？

2. 画出汽车自动变速器电子控制系统控制电路方框图。

模块六　无级变速器与双离合自动变速器

课题一　无级变速器

一、填空题

1．无级变速器是传动比可以在一定范围内__________的变速器，简称 CVT。

2．奥迪的 Multitronic 变速器是在原有无级变速器的基础上安装了一种称为__________________的传动组件，这种组件大大拓展了无级变速器的使用范围，能够传递和控制峰值高达______________N·m 的动力输出，其传动比超过了以往各种自动变速器的极限值。

3．奥迪 01J CVT 主要由____________________、____________________及____________________、____________________、____________________和____________________组成。

4．飞度的 CVT 无级变速器是专门为小型车设计的，属于新一代钢带无级自动变速器，可允许两个带轮之间进行__________传递，__________、__________，是小型车里较好的。

二、判断题

1．无级变速器采用传动带和工作直径可变的主、从动轮相配合来传递动力，可以实现传动比的连续改变，从而得到传动系与发动机工况的最佳匹配。（　　）

2．目前在汽车上的应用越来越多且常见的无级变速器是金属带式无级变速器（VDT—CVT）。（　　）

3．速比变换器是 CVT 最重要的装置，其功用是实现无级变速传动。（　　）

4．CVT 的液压控制系统像自动变速器的液压控制系统一样，担负着系统油压的控制、油路的转换控制、用油元件的供油以及冷却控制等。（　　）

5．奥迪 01J CVT 的供油装置采用的是带月牙形密封的内啮合齿轮泵，直接装在液压控制单元上，形成一个整体，增大了压力损失。（　　）

6．奥迪 01J CVT 的电子控制系统的特点是集成在控制单元内的传感器技术：电器部件的底座为一个坚硬的铝板，壳体材料为塑料，并用铆钉紧固到底座上，而壳体容纳全部的传感器，因此不再需要线束和插头。（　　）

三、简答题

1．简述奥迪 01J CVT 行星齿轮机构的结构。

2. 简述奥迪 01J CVT 速比变换器的结构及工作原理。

课题二　DSG 双离合自动变速器

一、填空题

1. DSG 又称________________，是由 BORG WARNER 为大众集团开发的，DSG 也叫________________，就是通常所说的________________。

2. DSG 基于传统手动变速箱（MT）开发而成，它主要由________________、________________、自动换挡机构和________________组成。

3. DSG 变速器的多片湿式双离合器主要由________________、________________、________________、________________、________________、________________等元件组成。

二、简答题

1. 简述 DSG 变速器多片湿式双离合器的结构及工作原理。

2. 简述 DSG 变速器的技术特点。

模块七　自动变速器故障诊断与排除

课题一　自动变速器的试验

一、填空题

1．自动变速器的初步检查主要包括＿＿＿＿＿＿＿、＿＿＿＿＿＿＿、＿＿＿＿＿＿＿、＿＿＿＿＿＿＿、＿＿＿＿＿＿＿、＿＿＿＿＿＿＿。

2．自动变速器的试验包含＿＿＿＿＿＿＿、＿＿＿＿＿＿＿、＿＿＿＿＿＿＿、＿＿＿＿＿＿＿、＿＿＿＿＿＿＿。

3．自动变速器的道路试验内容主要有：＿＿＿＿＿＿＿、＿＿＿＿＿＿＿，以及检查＿＿＿＿＿＿＿等。

4．油压试验一般是做＿＿＿＿＿＿＿，也可做＿＿＿＿＿＿＿、＿＿＿＿＿＿＿、蓄能器背压测试。

二、判断题

1．在道路试验之前，应先让汽车以中低速行驶 5 ~ 10 min，让发动机和自动变速器都达到正常工作温度。（　）

2．不同车型的自动变速器升挡车速有可能不一样。因此，只要升挡车速基本保持在一定范围内，而且汽车行驶中加速良好，无明显的换挡冲击，都可认为其升挡车速基本正常。（　）

3．强制降挡时发动机转速升高反常，达 5 000 r/min，并在升挡时出现换挡冲击，说明换挡执行元件打滑。（　）

4．失速试验是指通过测量在 D、R 位时的失速转速来检查发动机及变速器的总体性能。（　）

三、简答题

1．简述道路试验中换挡车速不正常的原因。

2. 简述失速试验中失速不正常的原因。

课题二　自动变速器故障码诊断

一、填空题

1. 相比传统的故障诊断法，现代的故障诊断技术更简单有效，目前较常用的是______________、______________等。

2. 故障码可分为两种形式，一种是相关故障码和无关故障码，另一种是______________和______________。

3. 汽车电控系统在运行中共产生5种类型的电子信号，分别是______________、______________、______________、______________和______________，这5种信号组成电控系统之间，传感器到控制器、控制器到执行器、执行器又反馈到传感器，这样一个相互通信的基本语言。

4. 常用数据流分析诊断汽车故障的方法有______________、______________、______________、______________和______________。

二、判断题

1. 汽车任何故障码的设定都具有一定的条件，当自诊断系统检测到某一个或几个信号超出其设定条件时，ECU将确定并存储故障码。（　　）

2. 冷却液温度传感器设计成在正常温度范围30～120℃内，输出电压为0.3～4.7 V，当ECU检测出信号小于0.15 V或大于4.85 V时，就判定冷却液温度传感器信号短路、断路或传感器损坏。（　　）

3. 当ECU检测时发现某一输入信号在一定时间内没有发生变化或变化没有达到预先规定的次数时，自诊断系统就确定该信号出现故障。（　　）

4. 当ECU向执行器发出指令后，检测相应的传感器或反馈信号的输出参数变化，若输出信号没有按照程序规定的趋势变化，则可确定有故障。（　　）

5. ECU对两个或两个以上具有相互联系的传感器进行数据比较，当发现两个传感器信

号之间的逻辑关系违反设定条件时，就可断定其一或两者有故障。 (　　)

6. 历史故障码只是曾经发生的故障而现在没有重现故障产生的状态，可能需要很长时间来重现历史故障码或需要人为地创造可重现故障的条件才会再产生的故障码。 (　　)

7. 数值分析是对数据的数值变化规律和数值变化范围的分析，即数值的变化，如转速、车速、电脑读取值和实际值的差异。 (　　)

8. 时间分析是对数据变化的频率和变化周期的分析。ECU 在分析某些数据参数时，不仅要考虑传感器的数值，而且要判断其响应速率，以获得最佳效果。 (　　)

三、简答题

1. 简述故障码分析的步骤。

2. 在自动变速器故障诊断过程中，如何利用动态数据流快速、有效地辨别故障?

课题三　自动变速器常见故障诊断

一、填空题

1．一般情况下，自动变速器的检修过程按照____________的程序，一步一步地进行。

2．自动变速器检修的内容包括____________、____________、____________、____________、____________及____________等几部分。

二、简答题

1．简述电控自动变速器故障诊断的一般原则。

2．画出自动变速器故障诊断流程图。

综合试卷（一）

一、填空题（每空1分，共40分）

1. 汽车自动变速器按传动比变化形式不同，可分为____________、____________和____________三种。

2. 一般来说，自动变速器由____________、____________、____________、____________、____________五部分组成。

3. 液力变矩器是在液力耦合器的基础上开发出来的，现在生产的液力变矩器一般都有锁止离合器，它由____________、____________、____________、____________、____________等部件组成。

4. 行星齿轮机构工作时，行星轮除了绕自身轴线的自转外，同时还绕着____________公转，而行星轮绕____________公转时，行星架也绕____________旋转。由于太阳轮与行星轮是____________，所以两者的旋转方向是____________的；而行星轮与齿圈是____________，所以这两者的旋转方向是____________的。

5. 离合器主要由____________、____________、____________、____________、____________和____________等组成。

6. 四挡辛普森式行星齿轮变速器多采用行星双排，特点为：____________________________________。

7. 拉维娜式行星齿轮机构由双行星排组成，包括____________、____________、____________、____________、____________和____________。

8. 平行轴式齿轮机构采用____________齿轮变速传动机构，它是在传统手动变速器基础上发展起来的自动变速器齿轮机构，被广泛应用于本田轿车上。

9. 换挡阀组主要由____________、____________、____________等组成。

10. 自动变速器的电子控制系统一般包括____________、____________和____________三部分。

二、选择题（每题1分，共20分）

1. 锁止离合器的作用是（　　）。

A. 降速增扭　　　　B. 扭矩倍增

C. 机械传动　　　　D. 双向作用

2. 在单排行星齿轮机构中，太阳轮为主动件（输入），行星架为从动件（输出），齿圈固定，此时（　　）。

A. 传动比大于1，说明为减速传动，可以作为降速挡中的高挡

B. 传动比大于1，说明为减速传动，可以作为降速挡中的低挡

C. 传动比小于1，说明为增速传动，可以作为超速挡中的高挡

D. 传动比小于1，说明为增速传动，可以作为超速挡中的低挡

3. 丰田A650E自动变速器与普通四挡变速器相比主要是增加了一个（　　）。

A. 超速挡　　B. 直接挡

C. 减速挡　　D. 倒挡

4. 拉维娜式单排行星齿轮机构与辛普森式单排行星齿轮机构的主要区别是增加了一组（　　）。

A. 太阳轮　　B. 行星齿轮

C. 行星齿轮架　　D. 齿圈

5. 为适应自动变速器使用条件比较复杂的特点，自动变速器油（ATF）的温度范围一般为（　　）℃。

A. 0 ~ 150　　B. −20 ~ 120

C. −40 ~ 120　　D. −40 ~ 170

6. 变量式油泵的泵油量随发动机转速的增大而（　　）。

A. 增加　　B. 先增大后保持不变

C. 减少　　D. 变化

7. 自动变速器中为了缓冲换挡冲击往往在各个挡位加装（　　）。

A. 主油路调节阀　　B. 换挡阀

C. 蓄压减振器　　D. 节气门阀

8. 自动变速器的换挡控制主要取决于（　　）信号。

A. 节气门位置传感器

B. 节气门位置传感器和车速传感器

C. 输入轴传感器

D. 冷却液温度传感器

9. 自动变速器ECU以（　　）信号为依据，并用该信号控制自动变速器的换挡和锁止离合器的锁止。

A. 节气门位置传感器　　B. 车速传感器

C. 输入轴传感器　　D. 冷却液温度传感器

10. 自动变速器ECU根据（　　）信号判断发动机负荷，从而控制自动变速器的换挡、调节主油压和对锁止离合器进行控制。

A. 节气门位置传感器　　B. 车速传感器

C. 输入轴传感器　　D. 冷却液温度传感器

11. 节气门开度越（　　），升挡和降挡车速越（　　）；节气门开度越（　　），升挡和降挡车速越（　　），这种规律十分符合汽车的实际使用要求。

A. 大、高、小、低　　B. 大、低、小、高

C. 小、高、大、低　　D. 小、低、大、高

12. 在挡位更换的瞬间，电子控制单元（ECU）通过油压电磁阀适当降低主油路油压，以（　　）换挡冲击，改善换挡质量。也有的是在换挡时通过电磁阀（　　）蓄压减振器活塞的背压，以减缓离合器或制动器液压缸内油压的增长速度，达到减小换挡冲击的目的。

A. 增加、增加　　B. 增加、减小

C. 减小、增加　　D. 减小、减小

13. 在单排行星齿轮机构中，齿圈为主动件（输入），行星架为从动件（输出），太阳轮固定，此时（　　）。

A. 传动比大于1，说明为减速传动，可以作为降速挡中的高挡

B. 传动比大于1，说明为减速传动，可以作为降速挡中的低挡

C. 传动比小于1，说明为增速传动，可以作为超速挡中的高挡

D. 传动比小于1，说明为增速传动，可以作为超速挡中的低挡

14. 在单排行星齿轮机构中，行星架为主动件（输入），齿圈为从动件（输出），太阳轮固定，此时（　　）。

A. 传动比大于1，说明为减速传动，可以作为降速挡中的高挡

B. 传动比大于1，说明为减速传动，可以作为降速挡中的低挡

C. 传动比小于1，说明为增速传动，可以作为超速挡中的高挡

D. 传动比小于1，说明为增速传动，可以作为超速挡中的低挡

15. 摆线转子泵的内外转子采取（　　）设置形式，从而保证内外转子之间形成一定的空腔。

A. 离心　　B. 中心

C. 偏心　　D. 同轴

16. 动力模式以获得更大（　　）性为目标设计换挡规律，升挡较（　　）；经济模式以获得最佳燃油（　　）性为目标设计换挡规律，升挡较（　　）。

A. 动力、迟、经济、早　　B. 动力、早、经济、迟

C. 经济、迟、动力、早　　D. 经济、早、动力、迟

17. 自动变速器电子控制单元（ECU）在换挡瞬间，向发动机电子控制单元（ECU）发出（　　）扭矩控制信号，发动机电子控制单元（ECU）接收到这一信号后，立即（　　）发动机的点火时刻或（　　）喷油量，执行减扭控制。

A. 增、提前、增大　　B. 增、提前、减小

C. 减、提前、减小　　D. 减、延迟、减小

18. 在单排行星齿轮机构中，太阳轮为主动件（输入），齿圈为从动件（输出），行星架固定，此时（　　）。

A. 传动比大于1，说明为减速传动，可以作为降速挡中的高挡

B. 传动比大于1，说明为减速传动，可以作为降速挡中的低挡

C. 传动比小于1，说明为增速传动，可以作为超速挡中的高挡

D. 传动比为负值，说明为增速传动，可以作为倒挡

19. 各汽车厂都有专用的规范与自动变速器油规格，不相同规格的自动变速器油（　　）混合使用。

A. 可以　　B. 不可以

C. 不受限制

20. 当泵轮与涡轮之间形成较大的（　　）时，就会发生增矩（与旋流），直到涡轮转速赶上泵轮转速为止。

A. 转速　　　　　　　　　　B. 变化

C. 接触面积　　　　　　　　D. 转速差

三、判断题（每题1分，共15分）

1. 对液力变矩器而言，最高效率可达95% ~97%，而机械传动的效率一般只有82% ~86%。（　　）

2. 数据流的时间分析是对数据变化的频率和变化周期的分析。ECU在分析某些数据参数时，不仅要考虑传感器的数值，而且要判断其响应速率，以获得最佳效果。（　　）

3. 自动变速器离合器均为湿式多片离合器，它的功用是连接轴或行星齿轮机构中的元件或是连接行星齿轮机构中的不同元件。（　　）

4. 丰田A650E自动变速器的前排行星齿轮与中间行星齿轮及后排行星齿轮的各行星架联动。（　　）

5. 自动变速器油的摩擦特性包括动摩擦和静摩擦，其性能对离合器摩擦有很大影响。（　　）

6. 变量泵的泵油量在发动机转速超过某一数值后就不再增加，保持在一个能满足油路压力的水平上，从而减少了油泵在高转速的运转阻力，提高了汽车的燃油经济性。（　　）

7. 正确的速控油压对于自动变速器的正常工作非常重要，如果速控油压过高，会导致换挡的车速提前；而速控油压过低，会导致换挡的车速滞后。

8. 在某些车型中，ECU在换挡时发出指令，推迟发动机点火提前角，降低发动机的扭矩输出，从而使换挡时车辆的行驶更平稳。

9. 当发动机冷却液温度过高时，自动变速器ECU会让锁止离合器工作，以帮助发动机降低冷却液温度，防止自动变速器过热。（　　）

10. 绝大多数换挡电磁阀采用开关式电磁阀，油压电磁阀采用占空比式电磁阀，而锁止离合器电磁阀采用开关式和占空比式的都有。（　　）

11. 在液力传动油温度低于正常工作温度时（60℃）时，因黏度较大而产生换挡冲击，应适当降低主油路油压。（　　）

12. 目前，在汽车上的应用越来越多且常见的无级变速器是金属带式无级变速器（VDT—CVT）。（　　）

13. 在道路试验之前，应先让汽车以中低速行驶5 ~10 min，让发动机和自动变速器都达到正常工作温度。（　　）

14. 汽车任何故障码的设定都具有一定的条件，当自诊断系统检测到某一个或几个信号超出其设定条件时，ECU将确定并存储故障码。（　　）

15. 故障码的关联分析是对互为关联的数据间存在的比例关系和对应关系的分析。ECU对故障的判断通常是根据几个相关传感器信号的比较，当发现它们之间的关系不合理时，会给出一个或几个故障码。（　　）

四、简答题（每题5分，共25分）

1. 结合下图所示的四挡辛普森式行星齿轮变速器的结构简图及执行元件动作情况，分析 D_4 挡位的动力传动路线。

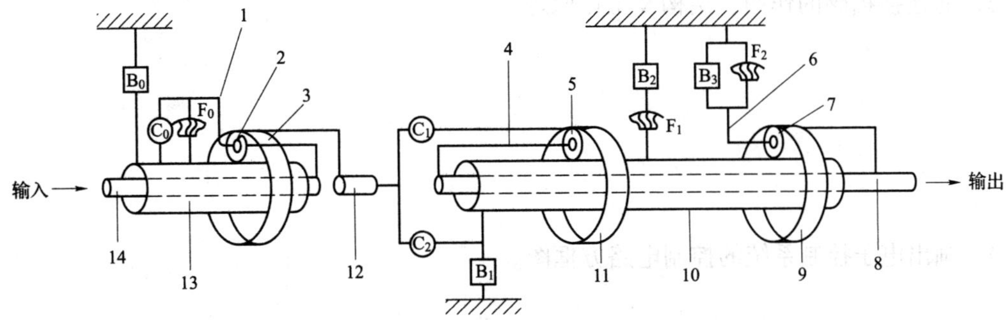

四挡辛普森式行星齿轮变速器的结构简图

1—超速（OD）行星排行星架　2—超速（OD）行星排行星轮　3—超速（OD）行星排齿圈　4—前行星排行星架　5—前行星排行星轮　6—后行星排行星架　7—后行星排行星轮　8—输出轴　9—后行星排齿圈　10—前后行星排太阳轮组件　11—前行星排齿圈　12—中间轴　13—超速（OD）行星排太阳轮　14—输入轴　C_0—超速挡（OD）离合器　C_1—前进挡离合器　C_2—直接挡、倒挡离合器　B_0—超速挡（OD）制动器　B_1—2 挡滑行制动器　B_2—2 挡制动器　B_3—低挡、倒挡离合器　F_0—超速挡（OD）单向离合器　F_1—2 挡（一号）单向离合器　F_2—低挡（二号）单向离合器

2. 以 01N 自动变速器为例，结合图形说明拉维娜式行星齿轮机构 3 挡的动力传递路线。

3. 简述换挡阀的作用、结构及工作原理。

4. 画出电子控制系统的控制电路方框图。

5. 简述故障码分析的步骤。

综合试卷（二）

一、填空题（每空1分，共40分）

1. 液力变矩器的导轮位于____________与____________转轮之间，安装在导轮轴上，而导轮轴则经____________固定在变速器壳体上。

2. 最简单的行星齿轮组为一个单排行星齿轮机构，一般由一个____________、一个____________和一个____________组成。

3. 拉维娜式行星齿轮机构大、小太阳轮采用____________结构，使3挡到4挡的转换更加平顺。短行星轮与长行星轮及小太阳轮啮合，长行星轮同时与____________、短行星轮及齿圈啮合，动力通过____________输出。两个行星轮共用一个行星架。

4. 自动变速器液压控制系统将发动机____________和____________转化为不同的油压，由此确定换挡正时并实现换挡。其一般由____________、____________、____________和____________等组成。

5. 自动变速器的电子控制系统一般包括____________、____________和____________三部分。

6. 电磁阀根据功能不同可分为____________、____________和____________三种。根据工作原理不同可分为____________和____________两种。

7. 自动变速器电子控制单元（ECU）是电子控制系统的控制核心，它的控制内容主要包括____________、____________、____________、____________、____________、____________、____________、____________。

8. 自动变速器试验包含____________、____________、____________、____________和____________。

9. 常用数据流分析诊断汽车故障的方法有____________、____________、____________、____________和比较分析法。

二、选择题（每题1分，共20分）

1. 自动变速器按齿轮变速器的类型不同，可分为（　　）和（　　）两种。

A. 无级式、有级式　　B. 无级式、综合式

C. 普通齿轮式、行星齿轮式　　D. 有级式、综合式

2. 在（　　）模式下，自动变速器具有较高的燃油经济性，节油性能佳。

A. 经济模式　　B. 动力模式

C. 标准模式　　D. D挡

3. 车辆处于（　　）时，液力变矩器起到扭矩倍增作用。

A. 发动机运转 B. 刚开始起步或者加速

C. 中速 D. 高速

4. 在单排行星齿轮机构中，行星架为主动件（输入），太阳轮为从动件（输出），齿圈固定，此时（　　）。

A. 传动比大于1，说明为减速传动，可以作为降速挡中的高挡

B. 传动比大于1，说明为减速传动，可以作为降速挡中的低挡

C. 传动比小于1，说明为增速传动，可以作为超速挡中的高挡

D. 传动比小于1，说明为增速传动，可以作为超速挡中的低挡

5. 在单排行星齿轮机构中，太阳轮为主动件（输入），齿圈为从动件（输出），行星架固定，此时（　　）。

A. 传动比大于1，说明为减速传动，可以作为降速挡中的高挡

B. 传动比大于1，说明为减速传动，可以作为降速挡中的低挡

C. 传动比小于1，说明为增速传动，可以作为超速挡中的高挡

D. 传动比为负值，说明为增速传动，可以作为倒挡

6. 丰田 A650E 自动变速器是丰田公司 1997 年 10 月推出的产品，其行星齿轮机构由（　　）个行星排组成。

A. 2 B. 3

C. 4 D. 5

7. 拉维娜式单排行星齿轮机构与辛普森式单排行星齿轮机构的主要区别是增加了一组（　　）。

A. 太阳轮 B. 行星齿轮

C. 行星齿轮架 D. 齿圈

8. 各汽车厂都有专用的规范与自动变速器油规格，不相同规格的自动变速器油（　　）混合使用。

A. 可以 B. 不可以

C. 不受限制

9. 油泵安装在液力变矩器的后方，由液力变矩器后端的（　　）驱动。

A. 轴套 B. 输出轴

C. 输入轴 D. 导轮

10. 变量式油泵的泵油量随发动机转速的增大而（　　）。

A. 增加 B. 先增加后保持不变

C. 减少 D. 变化

11. 真空节气门阀所产生的控制信号油压随节气门开度的增大而（　　）。

A. 减小 B. 增大

C. 保持不变 D. 变化

12. 自动变速器的换挡控制主要取决于（　　）信号。

A. 节气门位置传感器

B. 节气门位置传感器和车速传感器

C. 输入轴传感器

D. 冷却液温度传感器

13. 自动变速器 ECU 根据（ ）信号判断发动机负荷，从而控制自动变速器的换挡、调节主油压和对锁止离合器进行控制。

A. 节气门位置传感器　　B. 车速传感器

C. 输入轴传感器　　D. 冷却液温度传感器

14. 节气门开度越（ ），升挡和降挡车速越（ ）；节气门开度越（ ），升挡和降挡车速越（ ），这种规律十分符合汽车的实际使用要求。

A. 大、高、小、低　　B. 大、低、小、高

C. 小、高、大、低　　D. 小、低、大、高

15. 在挡位更换的瞬间，电子控制单元（ECU）通过油压电磁阀适当降低主油路油压，以（ ）换挡冲击，改善换挡质量。也有的是在换挡时通过电磁阀（ ）蓄压减振器活塞的背压，以减缓离合器或制动器液压缸内油压的增长速度，达到减小换挡冲击的目的。

A. 增加、增加　　B. 增加、减小

C. 减小、增加　　D. 减小、减小

16. 动力模式以获得更大（ ）性为目标设计换挡规律，升挡较（ ）；经济模式以获得最佳燃油（ ）性为目标设计换挡规律，升挡较（ ）。

A. 动力、迟、经济、早　　B. 动力、早、经济、迟

C. 经济、迟、动力、早　　D. 经济、早、动力、迟

17. 自动变速器的换挡控制主要取决于节气门位置传感器和车速传感器信号，还取决于（ ）等信号。

A. 节气门位置传感器　　B. 车速传感器

C. 冷却液温度和 ATF 温度　　D. 以上均不是

18. 摆线转子泵的内外转子采取（ ）设置形式，从而保证内外转子之间形成一定的空腔。

A. 离心　　B. 中心

C. 偏心　　D. 同轴

19. 在单排行星齿轮机构中，太阳轮为主动件（输入），行星架为从动件（输出），齿圈固定，此时（ ）。

A. 传动比大于1，说明为减速传动，可以作为降速挡中的高挡

B. 传动比大于1，说明为减速传动，可以作为降速挡中的低挡

C. 传动比小于1，说明为增速传动，可以作为超速挡中的高挡

D. 传动比小于1，说明为增速传动，可以作为超速挡中的低挡

20. 丰田 A650E 自动变速器与普通四挡变速器相比主要是增加了一个（ ）。

A. 超速挡　　B. 直接挡

C. 减速挡　　D. 倒挡

三、判断题（每题1分，共15分）

1. 当车速大于60 km/h时，锁止离合器会通过机械机构将泵轮与涡轮相连接，使发动机产生的动力几乎100%地传递至变速器。（　）

2. 制动器的作用是固定行星齿轮机构中的元件，防止其转动。制动器有片式和带式两种形式。（　）

3. ECU对两个或两个以上具有相互联系的传感器进行数据比较，当发现两个传感器信号之间的逻辑关系违反设定条件时，就断定其一或两者有故障。（　）

4. 叶片泵具有运转平稳、噪声小、泵油流量均匀、容积效率高等优点；但它结构复杂，对液压油的污染比较敏感。（　）

5. 蓄压减振器延长了换挡执行元件液压缸的充油时间，油压的增长速度减缓，摩擦片逐渐结合，因而减小了换挡冲击。（　）

6. 电控自动变速器采用节气门位置传感器和车速传感器来感知发动机负荷和车速的情况，并将这两个信号发送给自动变速器ECU，ECU根据存储器中的换挡程序决定升挡或降挡。（　）

7. 当发动机冷却液温度低于设定温度（如60℃）时，发动机ECU会发送一个信号给自动变速器ECU，以防止自动变速器换入超速挡，同时锁止离合器也不能工作。（　）

8. 占空比是指一个脉冲周期中通电时间所占的比例（百分数）。（　）

9. 新型电子控制自动变速器由电子控制单元（ECU）根据节气门的开度、挡位、油温及换挡等信号，计算得到相应的主油路压力值，并通过输出相应的占空比脉冲信号来控制油压电磁阀的开、关比率，实现对主油路的控制。（　）

10. 无级变速器采用传动带和工作直径可变的主、从动轮相配合来传递动力，可以实现传动比的连续改变，从而得到传动系与发动机工况的最佳匹配。（　）

11. 失速试验通过测量在D、L位时的失速转速来检查发动机及变速器的总体性能。（　）

12. 历史故障码只是曾经发生的故障而现在没有重现故障产生的状态，可能需要很长时间来重现历史故障码或需要人为地创造可重现故障的条件才会再产生的故障码。（　）

13. 汽车电控系统在运行中共产生5种类型的电子信号，分别是直流信号、交流信号、频率调制信号、脉冲宽度信号和多路串行数据信号。（　）

14. 数据流的时间分析是对数据变化的频率和变化周期的分析。ECU在分析某些数据参数时，不仅要考虑传感器的数值，还要判断其响应速率，以获得最佳效果。（　）

15. 对液力变矩器而言，最高效率可达95%～97%，而机械传动的效率一般只有82%～86%。（　）

四、简答题（每题5分，共25分）

1. 结合下图所示的四挡辛普森式行星齿轮变速器结构简图及执行元件动作情况，分析D_3挡位的动力传动路线。

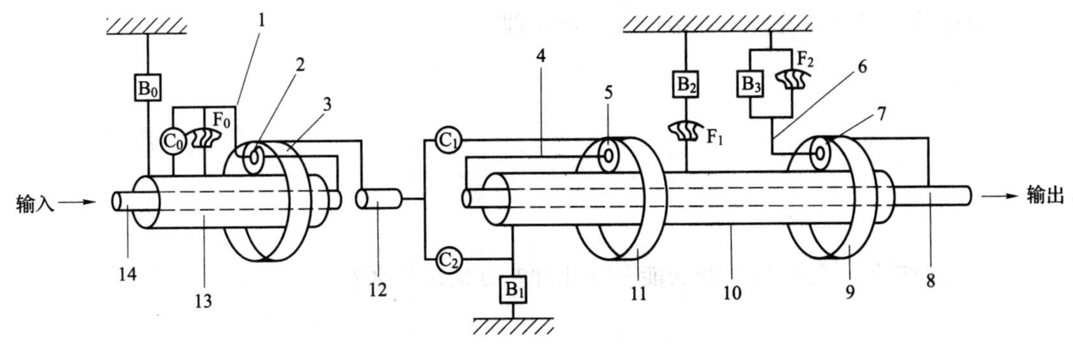

四挡辛普森式行星齿轮变速器的结构简图

1—超速（OD）行星排行星架　2—超速（OD）行星排行星轮　3—超速（OD）行星排齿圈
4—前行星排行星架　5—前行星排行星轮　6—后行星排行星架　7—后行星排行星轮
8—输出轴　9—后行星排齿圈　10—前后行星排太阳轮组件　11—前行星排齿圈　12—中间轴
13—超速（OD）行星排太阳轮　14—输入轴　C_0—超速挡（OD）离合器
C_1—前进挡离合器　C_2—直接挡、倒挡离合器　B_0—超速挡（OD）制动器
B_1—2 挡滑行制动器　B_2—2 挡制动器　B_3—低挡、倒挡离合器
F_0—超速挡（OD）单向离合器　F_1—2 挡（一号）单向离合器
F_2—低挡（二号）单向离合器

2. 以 01N 自动变速器为例，结合图形说明拉维娜式行星齿轮机构 4 挡的动力传递路线。

3．简述蓄压减振器的作用、结构及工作原理。

4．改善换挡质量的特殊控制功能有哪几种？分别是什么？

5．在自动变速器故障诊断过程中，如何利用动态数据流快速、有效地辨别自动变速器故障。